# 推介序

投資是理財之中不可或缺的一個範疇，選擇適當及適合的投資工具，當然可以令整個投資組合得以平衡風險及達至投資目標！

在多項投資工具中，置業是港人最感興趣的，而除了在香港買樓外，近年亦有不少港人在外地買樓作投資！

喜見 Neo（張永達）的海外置業秘笈由日本擴展至加拿大，實在是讀者的福氣，書中內容豐富及實用，一定可以解答不少疑問，甚至令人渴望在投資組合中加入加拿大這塊版圖！

馮雪心女士
集團副主席及執行董事
康宏環球控股有限公司

Contents

Chapter 03

購置加拿大物業
25 個不可不知！

Contents

Chapter 01
贏在投資前！
認識加拿大

Part
1

最新最齊！
加拿大精簡導覽

加拿大國旗樣式

相信不少讀者都對加拿大不感陌生，因該國除了是香港人的移民首選外，在旅遊與投資方面也是不錯的選擇！誠然，本書盼為讀者提供到加國置業投資的門路，但若對該國零認識，讀者又怎能輕易將血汗錢擲往萬里之外以求賺取回報呢？若自問不太認識加拿大這個國度，就讓本書在此先提供一個精簡的導覽吧。

加拿大位處北美洲，三面還海，西臨太平洋、東接大西洋、北抵北冰洋，南部及西北部則與美國國土接壤，屬高緯度的寒帶地區。加國總領土面積達 998 萬平方公里，面積位居全球第二（僅次於俄羅斯）；目前總人口接近 3,600 萬，居全球第 37 位。值得一提的是，加國境內多楓樹，秋冬之際紅葉遍野是該國一大特色，並憑此贏得「楓葉之國」美譽，甚至連國旗亦以此為徵。

加國境內多楓樹，秋冬時葉子變紅，舉國如置身紅海。

加拿大全國地圖

育空
Whitehorse

西北地區

努納武特

Yellowknife

卑詩省

亞伯達省

Edmonton

沙士加芝灣省

緬尼托巴省

安大略省

Victoria

溫哥華

Regina

Winnipeg

圖例
✧　行省/地區首府
----　行省/地區界線

比例尺

0　　250　　500　　750　　1 000 km

🍁 民主國度 和平安定

加拿大是實行君主立憲制（以英女皇為名義上的國家元
首及加拿大君主）的聯邦國會制國家，與香港同樣奉行
行政、立法、司法三權分立的政治體制。經四年一度全
國國民大選選出的總理，為該國政府行政上的領袖；立
法則由國會議政。加拿大首都是渥太華（全球面積第 4
大的城市）；地方行政上，加國實行聯邦制，全國由
10 個行省和 3 個地區組成，各省皆設首府並擁有一定
的自省管轄權。

讀者留意，地圖上特別標
示出多倫多及溫哥華，這
兩個城市同屬本書特別推
介的置業投資熱門地。兩
市除同樣近海故氣候較溫
和外，亦皆鄰近省首府，
因此基建及發展前景優
厚，投資潛力亦更優厚。

CH
1

贏
在
投
資
前
！
認
識
加
拿
大

🍁 英語主導 利便港人

加拿大的官方語言是英語和法語，不過多種加國原住民語言亦獲官方承認。基本上，英語在加拿大可通行無阻，十分利便同樣以英語為法定語文的香港人。

此外，加國亦是世界上擁有最多元化種族及文化的國家之一，吸納了很多外來移民，該國現有約 20% 的國民出生於境外。近年，加國移民大部分來自亞洲，目前加國人口有逾 14% 屬亞裔人士。

創校近 190 年的多倫多大學，乃加國最頂尖高等學府之一。

🍁 年吸逾 20 萬華人移民

加拿大是僅次於美國最吸引外國移民和留學生的國家，每年有大量來自世界各地的移民，其中包括逾 20 萬從中國來的各類移民。

加拿大亦擁有多所世界級大學及大專院校，可謂名校雲集，如多倫多大學（University of Toronto）、英屬哥倫比亞大學（University of British Columbia）及麥基爾大學（McGill University），於 2014-15 年全球大學排名中分踞第 20、32 及 39 位，吸引很多外國留學生、包括大量中國留學生就學。資料顯示，由 2012 年至今，加國留學生數目增加了 26%，有估計指未來 10

加拿大以英語為官方語言，港人易適應。圖為英屬哥倫比亞大學。

年還會增加 7 倍，亦為加國樓市發展提供潛在動力。

特別值得一提的是，中國和加拿大於2009年底簽訂特許旅遊目的地協定（Approved Destination Status，簡稱ADS），使更多中國內地買家（非居民）可申請旅遊簽證來加拿大買樓投資，令加國樓市的升值潛力日增。

🍁 快樂國度 宜業宜居

加拿大是 8 大工業發達國家（G8）之一，經濟發展不俗，更難能可貴的是同時以宜居見稱，曾連續 4 年獲聯合國評為「世界上最適宜居住的國家」第 8 名，亦多次在「世界快樂報告」中位居前 5 名之列。在權威智庫機構《經濟學人》（The Economist Intelligence Unit，簡稱 EIU）的「全球最宜居城市報告 2016」中，加拿

大 3 大城市：溫哥華、多倫多及卡加利（Calgary），
更分列第 3、4 及 5 位。

其中，多倫多同時躋身北美洲 4 大城市，與著名的紐
約、洛杉磯、芝加哥齊名，更多次獲評為全球最適宜生
活、工作以及投資的城市之一。不過，多倫多目前樓價
與加國內一線二線城市相比，仍有甚大投資空間，具不
錯的升值潛力（詳見本書稍後相關章節內容）。

位列北美 4 大城市的多倫多，也是全球最宜居城市之一。

🍁 投資優勢 風險特低

加拿大國土遼闊，資源豐富，氣候怡人，人口密度低，
政治清明，社會安定，法制健全，國際形象亦和平友

善，故整體投資環境比較安全。

同時，投資加拿大房地產亦具有政策及匯兌優勢。政策方面，因加國的貸款利率較其它歐美國家為低，使投資風險減少；加上加拿大政府對外國投資抱開放態度，幾近沒有限制政策，外國人或非加拿大居民亦可自由買賣該國房地產。

在匯兌方面，因加幣近年對與港元掛勾的美元呈弱勢，由 2012 年年底 1 加幣兌 8 港元，跌至 2016 年中曾低見 5.9 港元，幾近等於買樓打了 8 折以上。

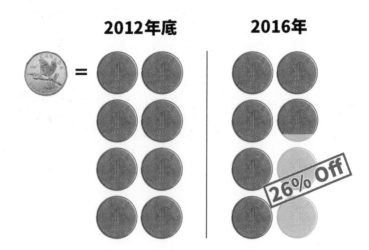

小心！溫哥華樓市辣招

筆者在此也盡責告知讀者一個「壞消息」，因溫哥華樓市愈見熾熱，當地樓價近 10 年間升逾 50%，官方為讓樓市降溫，自 2016 年 8 月 2 日起向買溫哥華物業的外國人或外國企業設房地產轉讓稅（Property Transfer Tax，PTT），一次性加徵樓價 15% 的稅項。

假設一個賣價 40 萬加幣（約 237 萬港元）的物業，外國買家須多付 6 萬加幣（約 36 萬港元）稅款。此政策頗像近年香港的樓市辣招。幸而目前加國僅大溫哥華區設此稅項，專論溫哥華置業的第 5 章，亦會多述此項新政策。

加拿大容許外國人自由買賣該國房地產，圖為因此樓價急升的溫哥華。

CH
1

贏
在
投
資
前
！
認
識
加
拿
大

🍁 港人移民 節節上升

事實上，對港人而言，因加拿大在氣候、環境、教育、
經濟、福利及生活節奏等民生環節都處於優越水平，故
早已成為舉家移民或退休移民的熱門地。

近年港人移民加拿大情況

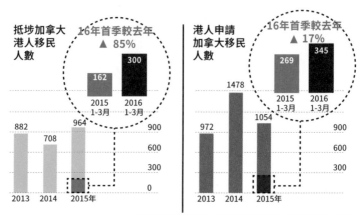

新聞圖片來源：《明報加東版》16 年 6 月 6 日

i）抵埗加國人數

據加拿大移民部統計資料所顯示，於 2016 年首 3 月
抵埗加拿大的香港移民達 300 人，較上一年同期增加
85%。資料亦顯示，2014 年抵達加拿大報到的香港人
有 708 人，至 2015 年已增至 964 人，增幅為 36%，
上升幅度愈趨明顯。

ii) 申請移民數字

至於港人申請移民加拿大的人數,也在 2016 年首 3
個月有所增加。統計顯示,2014 年香港申請人數為
1,478,較 2013 年的 972 人增加 52%,2015 年略
減至 1,054 人;惟 2016 年首 3 個月申請人數已達
345,較上一年同期僅 269 人增加 17%。

港人抵埗及申請數字增加,說明移居加拿大有多受歡
迎。由此亦可見,加國除在地理環境及居住氛圍上理
想,未來在投資與發展趨勢上也盡佔先機,具物業投資
方面的優良基礎!

Part 2 | 入場費、回報率有幾多？

購置多倫多的住宅物業，究竟要準備幾多錢？

看過前文的精簡概覽，相信不少讀者也意會到，加拿大物業的基礎投資條件及前景不俗。不過，有讀者可能會反問，前文提及有非常多中國內地移居當地，難道不會帶動當地樓市升溫，令「入場費」水漲船高？或者問實際一些，究竟現時投資加拿大一手樓要準備幾多錢先「玩得起」？與及未來回報率是否可觀？

✤ 55 萬港元玩得起

概括而言，於港人熟悉且基建完善的多倫多市中，以一個 320 平方呎的一房單位樓花為例，目前售價最低約 23 萬加幣（約 140 萬港元）起有交易，而買樓時須額外付出稅項雜費約為樓價的 5%；而一般海外投資者買多倫多樓，物業按揭貸款額最高可達樓價 65%（利率約 2.5%，貸款年期 30 年），而且更重要的是毋須入息證明！依以上資料計算，入場費為：

> ### 多倫多買樓入場費
>
> （1）樓價（獲 65% 貸款）：23 萬加幣 × 35% ＝8 萬加幣（約 48 萬港元）
>
> （2）稅項雜費：23 萬加幣 × 5% ＝1.1 萬加幣（約 6.6 萬港元）
>
> 總入場費：
>
> （1）＋（2）＝9.1 萬加幣（約 55 萬港元）

多倫多市有不少抵玩樓花可供外國人選購投資，隨時年賺逾 8% 回報！

🍁 現金年回報 10% 有肉食！

物業回報率方面，物業投資者放租上述例子中的單位，依當地目前樓市，一般可收回月租金 1,400 加幣（約 8,500 港元），一年共計可收回總租金約 1.6 萬加幣（約 10.1 萬港元）；同一時間，業主年支出（包括管理費、資產稅、償還貸款連利息等）則約為 7,900 加幣（約 4.8 萬港元）。不計物業潛在升值所得，單計年租金已有近 10% 回報率，須知所獲全屬現金流（cash flow），投資回報算是相當不俗。

入場費#
HK$55萬

樓價
HK$140萬

年回報率
逾9%*

#設獲銀行批出6成半按揭計。
*未計算樓價升跌風險及成本。

Part 3 為何選擇在加拿大置業？

多倫多有地鐵（圖）、機場等完善的民生基建，十分宜居。

有讀者又可能會問：沒錯，投資加拿大物業的確有其基礎及背景優勢，不過世界那麼大，近年香港不是還興起投資台灣、日本（主要是東京）樓的熱潮嗎？為何偏偏要推介大家選擇遠在北美洲、萬里之外的加拿大物業呢？

❦ 三大優勢 回報高企

作為投資者，當然不會放過任何投資獲利的機會，但畢竟資金有限，確須審慎。對比台灣、日本，投資加拿大樓市有三大優勢：

租金夠高　　住宅空置率低　　貸款利息低

貸款息低源於加國銀行政策；租金高則源於多倫多等加國大城市「唔夠樓」——即當地住宅空置率低。溫哥華市的住屋空置率為 0.6%，多倫多約 1.5%，對比其他高度發展國家如美國 7%，澳洲 4%，台北 7%，東京 5% 屬極低水平。這數字反映加國某些地區（如市中心）住宅供不應求下，租客每每須輪候租住心儀屋苑，連帶亦令住宅租金趨升。當然，加拿大還有其他吸引因素，下一章為大家深入講解。

注意！貸款可能唔易搵

上文提及加國銀行貸款息低，但注意例子中的約 300 呎單位，屬當地最細單位，市場上供應較少，故當地有部份銀行並不願為這些數量偏少的細面積物業提供貸款。當然，隨著當地近年樓市轉熾，預期銀行未來會相應下放門檻。

Chapter 02
給我理由！
就是要選加拿大！

Part 1 | 穩定又安全！投資加拿大 5 大優點

前一章簡述了投資加拿大物業的基礎優勢，進入本章，筆者會分析選擇加國物業的理由。畢竟當地的整體社會環境、民生基建及生活氛圍雖優秀，但對投資者而言，物業具穩妥的升值潛力，以及仍在不斷發展的市場才最重要！以下，就讓筆者為大家仔細分析投資加拿大的優點吧。

🍁 擁有最宜居的城市

前一章述及加拿大被視為理想的物業投資選擇地，最大原因是該國在政治、經濟或民生方面皆安全而穩定。

全球第一大專業人力諮詢公司美世諮詢（Mercer）於 2016 年初公佈的「城市生活品質排行榜」，溫哥華蟬聯北美城市榜首，全世界亦高居第 5 位，多倫多及渥太華分列第 15 及 17 位；在個人安全方面，加拿大的城市排名都很高，多倫多、溫哥華、蒙特利爾、渥太華及卡加利並列第 16 位。

Mercer 全球生活品質 Top 10 城市

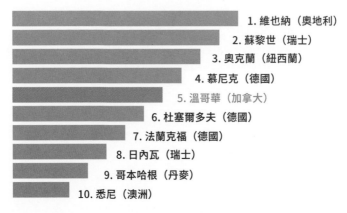

1. 維也納（奧地利）
2. 蘇黎世（瑞士）
3. 奧克蘭（紐西蘭）
4. 慕尼克（德國）
5. 溫哥華（加拿大）
6. 杜塞爾多夫（德國）
7. 法蘭克福（德國）
8. 日內瓦（瑞士）
9. 哥本哈根（丹麥）
10. 悉尼（澳洲）

此外，《經濟學人》智庫（EIU）每年均就 5 大類共 30 項因素，評比全球主要城市居住狀況的「宜居調查報告」，據新鮮出爐的 2016 年報告，加拿大有 3 大城市入圍全球 Top 5：

2016 年《經濟學人》全球 10 大宜居城市

排名	城市	所在國家	得分（1-100 分）
1.	墨爾本	澳洲	97.5
2.	維也納	奧地利	97.4
3.	溫哥華	加拿大	97.3
4.	多倫多	加拿大	97.2
5.	卡加利	加拿大	96.6
6.	阿德萊德	澳洲	96.6
7.	珀斯	澳洲	95.9
8.	奧克蘭	新西蘭	95.7
9.	赫爾辛基	芬蘭	95.6
10.	漢堡	德國	95

🍁 求過於供！樓價升勢無窮

據加拿大皇家銀行公佈，2015 年加國當地二手樓市按年上升 5%，成交逾 50.5 萬個單位，屬有紀錄以來第 2 高，樓價則按年上升 4.6%。當中，按行省而論，卑詩省（British Columbia）及安大略省（Ontario）的樓市升幅，分別高達 21.7% 及 10.9%，成為加拿大樓市的火車頭。

事實上，因近年加幣匯價下跌，亦吸引了大量海外投資者入市。據加拿大房地產協會（CREA）的數據顯示，加國 2016 年 3 月份住宅銷售量再破紀錄，按年急增 12.2%，平均成交價上升 15.7% 至約 50.85 萬加幣（約 306 萬港元）。至於統計加國 12 大城市的 MLS 房屋樓價指數則按年升 9.1%。

住宅成交量及成交價俱創新高，顯示住宅供過於求的情況更劇，同一時間，變相令住宅庫存量再創新低。數據顯示，加拿大全國住宅庫存量進一步由 2016 年 2 月的 5.2 個月水平，降至 3 月只有 5 個月水平，跌至逾 6 年來的低位，住宅供應緊絀，未來升幅可期。

✤ 內地客狂搶！市場越見龐大

近年中國內地人喜投資，無論是藝術品或是物業、股票皆成目標，他們亦瞄準加拿大樓市，買不停手。有溫哥華地產經紀透露，2016 年首半年已經手多達 15 宗在溫哥華西區（Vancouver West，簡稱溫西）的豪宅交易，買家全來自中國，物業成交均價逾 800 萬港元。有物業網站數據顯示，今年首季中國大陸買家上網檢索加拿大物業的比率，較 2015 年同期激增 134%，相關查詢也大幅增多。

事實上，溫哥華物業均價在過去 5 年間大升 40%，當中華裔投資者對豪宅情有獨鐘，2016 年至今已買下溫西 75% 的放售物業，令當地獨立屋的均價升至超過 310 萬加幣元。

近年溫哥華西區豪宅交易數字急升。

🍁 人口增長！住屋需求續升

現時，加國人口約有 3,600 萬人，據統計按年增幅約
30 餘萬，要消化這個數字，房產需求自然同時增加，
樓價升幅亦按比例遞增。

加拿大人口升幅圖

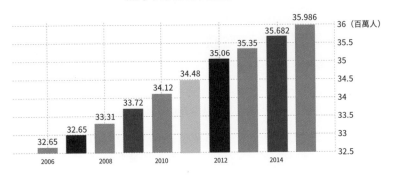

🍁 永久業權！保障多風險低

投資海外物業，向被貶為「隔山買牛」，即使資訊再發達，始終仍有一定風險，所以最基本先要選一個值得放心投資的地方。綜上所述，加拿大可說是不二之選，除了前述各因素外，當地物業的質素及貸款等，都是投資者需要考慮的因素之一。

加拿大的貸款利率較其他歐美國家為低，年息一般約2.5 厘，投資風險較小。不過要留意銀行對於海外投資者的貸款額較低，大概是樓價的 60% 至 65%。此外，加拿大的業權屬永久業權，可以世代相傳。

還有，近年不少加拿大的熱賣物業，均屬屋苑式的分層單位（Condo），業主可免費享用游泳池、健身室等住宅設施，更具賣點。

至於另一項極關鍵因素，是加國當地法規完善，樓花期訂金存放於信託戶口，建築資金被挪用而導致爛尾的風險也相對低。同時間，加國物業一般提供長達 7 年、由第三方政府監管機構提供的免費樓宇保養維修，不怕發展商中途結業爛尾或違約（下一章有詳細講解）。

靈活寬鬆的按揭貸款

- 低息環境（約 2.5%）
- 可選擇浮動或固定利率
- 貸款期長達 30 年
- 還款時間可選每周、每兩周或每月
- 在港遞交申請
- 在香港開戶
- 毋須提供入息證明

香港與加拿大置業分別表

	香港	加拿大
地權	設租約期限	永久
計算面積方法	實用面積	實用面積
保養維修	發展商沒有提供保養	部分大型發展商會提供長達10年的保養，而多倫多則長達7年。保養項目包括一切窗戶、牆壁維修等。

Part 2 加拿大買樓 FAQ

前文說完更詳細的加拿大置業優勢後，這裡會擇要式釐清一些在選擇置業前會關心的根本問題，讓大家決定是否繼續看下去。

a.買加拿大樓能視作投資移民的手段嗎？

業主能不能藉買加拿大物業，申請移居該國呢？

在加拿大買樓並不被視為投資移民，故若欲透過購置當物業取得居留權，並不可能，請打消念頭。

加拿大政府規定的外國投資移民門檻極高，申請者需持

有 160 萬加幣（約 964 萬港元）資產（包括當地銀行存款、房產、股票債券、公司資產或其他資產），並投資其中 80 萬加幣（約 482 萬港元）在加國政府債券。更同時須在 5 年內至少有兩年曾經營、控制或主持一項合資格的生意。

此外，還需投資 80 萬加幣於加拿大政府認可的移民基金，或以貸款形式一次性支付 22 萬加幣（約 132 萬港元），作為貸款 5 年的利息。

b. 買加拿大樓須親身赴當地處理嗎？

買加拿大樓的過程中，可毋須親身飛往該國處理。

港人若在加拿大買樓，整個買樓程序，甚至是完成交易交吉時，都可以毋須親身飛往加國，留在本港也可完成，即使是申請按揭，亦可透過加拿大銀行在港分行進行，同樣是身在本港也可完成手續。

但在交吉時，須委託他人收樓，一般授權當地物業代理人已可代勞，又或者由閣下授權當地親友進行（如有）亦可。但注意要在加國置業，最重要是留意發展商的信譽、物業質素及加幣匯率的變化，方可取得理想回報。

c. 加拿大樓市有冇淡旺季？

加國冬季有機會下大雪，或致阻延買樓流程。

嚴格來說，加國並沒有樓市淡旺季之分，四季皆可自由買賣樓宇，而價格很大程度上取決於供求及市場氣氛。

不過，一般建議不要在加國冬季（10 月下旬至翌年 2 月）進行，因為當地冬季相當機會下雪，若不巧遇上大規模的降雪（雪災），禍害範圍極大，可能會導致商業運作停頓，又或延誤文件送遞，同時也不利買家睇樓（如買的是現樓），故一般傾向避免在加國冬季期間進行交易。

Chapter 03
購置加拿大物業
25個不可不知！

CH
3

購置加拿大物業 25 個不可不知！

Part
1　投資加拿大樓 25 問

具體在加拿大購買物業的流程是怎樣的？

無可否認加拿大物業有投資前景，不過始終在地球另一面，環境跟香港完全不同，究竟港人應如何選購加拿大樓？有沒有甚麼「蠱惑位」要注意？買樓有何手續？整個流程是怎樣的？樓貸及交吉如何處理？管理、放租甚至賣盤具體又是怎做法？這章會採用 Q&A 形式，為大家解答諸種疑問。

Q1 / 揀一手樓定二手樓好？

通常地產經紀會推薦購置一手單位，因二手樓風險相對較大（包括有折舊老化或上手住戶管理等問題），故後者宜作詳細驗樓，比較麻煩；反之，購買一手樓方便多了。但請留意加國有些熱門城市（如溫哥華）樓市已近飽和，新樓量少，比較缺乏一手單位供應及選擇。

一手樓受法例保障

此外，還有更關鍵的一點是，加拿大政府設有法例保障一手樓買家。其中，在安大略省購買新屋後，新屋可以得到安省新屋保險公司（Tarion Warranty Corporation）的 7 年新屋保障（Tarion New Home Warranty）。換言之，買新樓既少麻煩又有保障，一舉兩得。另外，在溫哥華也有性質類似的 10 年保障計劃（內容詳見第 5 章，在此不贅）。

安省新屋保險公司簡介

安省新屋保險公司成立於 1976 年，是一個根據安省新屋保障法案（Ontario New Home Warranty Plan Act）建立的政府監管非牟利機構，其目的是為了規範建築商並保護購買者權益。而機構的資金是來自建築商登記費、續期及新屋註冊費，當中無政府資助。

新屋保障計劃網址：http://www.tarion.com

Q2 /「新屋保障計畫」具體提供哪些保障？

概括而言，Tarion 新屋保障計劃（Tarion New Home Warranty）適用於所有在安大略省新屋保障公司註冊的建築商，會提供分為 1 年、2 年及 7 年的三段式保修計劃，若新屋出現施工質量問題，發展商須負責修繕。業主會於交吉當天獲得保險證書（Warranty Certificate）。

符合新屋保險計畫的新樓，須是為單一家庭居住而建造，但不可屬臨時或季節性房屋；而不論是獨立住宅、半獨立住宅、鎮屋、別墅、共管式公寓（Condo）等都受保障。若是共管式公寓，則連公共區域（如停車場、天台、康樂設施及外牆等）也包括在內。此外，房屋轉手交易亦絕不影響保障計畫的效力！

而在計劃所分的 3 個年期，受保的範圍也有所不同，能分別為新屋買家提供短、中和長期保障：

1 年期的保養範圍包括：

◎ 建築材料、裝修材料問題，以及施工問題；

◎ 建商未經同意使用替代品，如更換裝修材料；

◎ 新屋無法居住；

◎ 任何違反安省建築法規的問題；

◎ 上列這些保障，於交吉後一年內有效。

2 年期的保養範圍包括：

◎ 地下室和房屋地基漏水；

◎ 因材料問題所致的門窗漏水；

◎ 因施工或材料問題所引起的電路、下水管道和暖氣系統故障；

◎ 由於施工或材料問題所引起的外牆脫落、錯位和變形；

◎ 任何不符合安省建築法規，會威脅居住者安全的缺陷。

7 年期的保養範圍包括：

◎ 重大的主結構缺陷（Major structural defects），即保障任何因工程或材料缺陷，致令物業結構受損、承載力失效或減少物業應有壽命；

◎ 7 年期限從交吉日開計，到 7 年後交吉同日的前一天止。舉例說，若於 2016 年 6 月 20 日交吉，新屋保障計畫自當日即生效，到 2023 年 6 月 19 日結束；

◎ 維修費用會從物業管理費中扣除。

Q3 /「新屋保障計畫」有哪些不受保範圍呢？

完工交屋證書在完成交房檢查（Pre-Delivery Inspection）後得到，這是一次發展商和買家在交樓前對新屋做的全面檢查，發展商會把房屋內外發現的所有缺陷記錄在一張表格上，並發給保險公司。檢查結束後，發展商會把新屋保險證書的標籤粘貼在電箱上。

雖然新屋保障計畫能為買樓者提供時間長的保障，但請注意，有些樓宇損壞問題，並不在該計劃的受保障範圍內，包括：

加拿大建築展商須依法為新建物業提供多年期的保障。

◎ 因屋主或訪客操作不善所致的損壞，如過度使用加濕器造成積水；

◎ 屋主在房屋交吉後自作的改造、加建等；

◎ 因屋主自行改建所使用的材料問題或施工上的缺陷；

◎ 由於房屋結構問題所造成的人身傷害和財務損失，這部分損失應由屋主向保險公司購買的一般的房屋保險承擔；

◎ 一些正常的損耗，例如地板的正常磨損和牆壁的刮痕；

◎ 一些不是由建商造成的損壞，例如源自市政建設或自然災害等；

◎ 蟲害或齧齒動物等造成的損害；

◎ 正常的冷縮熱脹所造成的小裂縫等。

Q4 / 加拿大的樓宇種類不少，推介購買哪一種？

加拿大國土遼闊，加上各地各處環境不同，故有不同的房屋種類。概括而言，加國的住宅通常分兩大類：有管理與無管理。

前者須每月繳交管理費，有管理公司人員負責保養、剷雪、公共區域清潔等；後者則多屬獨立式平房，即擁有花園、大車房，但沒管理中介，修繕全靠業主。以下再一一介紹：

以下為大家介紹加拿大最主流的房屋種類。

◎ 共管式公寓 （Condo）

類近香港所常見的高樓大廈式住宅，多見於大城市的市中心，交通便利，但景觀多為樓、市景。此外，多附設有健身室、泳池等住戶康樂設施，故須繳交管理費予管理公司。放租的租金一般較高。

共管式公寓

◎ 鎮屋（Townhouse）

由兩棟獨立平房組成，通常是同一個大門進出，左右兩棟併合在一起，有點像香港的村屋或渡假屋，多屬整排式建成，約 2 至 3 層樓高。

鎮屋

◎ 平房（Bungalow）

加拿大最常見的獨立式平房，通常設有地下室加一層主
建築，空間大，景觀佳，有花園庭院，可泊車。惟多屬
較老舊房子，常見於市郊，公共交通較不便，社區設施
也較少，租金相對廉宜。

平房

◎獨立住宅（Detached house）

是平房的擴大版，多是兩層的房子再加上地下室，臥室設在樓上，客廳在樓下，這種房子通常較新，租金略高於平房。注意另有一種名為「雙併式獨立住宅（Semi-detached house）」，由兩棟獨立住宅併合（中間有牆分隔為二）而成。

獨立住宅

投資推介──共管式公寓（Condo）

若是投資非自住者，宜選共管式公寓，因有管理公司代勞修繕清潔等事務，業主可免麻煩。而且公寓一般多見於住屋需求大的市中心，故一般於一個月內便能快速租出，故有利更快速賺取回報。

Q5 / 怎揀樓？例如選坐北向南之類？

在加拿大買樓，同樣也有一些揀樓的法則，但就不是港人所熟知的坐北向南，皆因加國地理位置環境與香港分別實在太大。一般在加拿大買樓，宜揀主窗向西的「朝西樓」，原因在於加拿大屬寒帶地區，全年氣溫偏低且日照時間短，而朝西樓的好處是西斜時陽光會射入屋，有助提升家居溫度，加上租客（尤其是西方人）一般也較喜歡享受陽光。因此，理想的樓宇是朝西樓，一般會較快獲租客青睞。

另跟香港相同，單位也是位處高層數較理想。至於大、小單位之別，筆者較建議投資者買一、兩房的小單位，在當地屬熱門單位，因較有彈性，租客可夾份或單身租住，故會比三、四房的大單位更易租出或轉手。

在加拿大首選一些窗戶朝西的樓宇。

Q6 / 怎尋找可信、具實力的當地 發展商？

一般大型發展商都設有官方網站，讀者可先藉此了解發展商的歷史、背景及其經手過哪些大規模項目。具體做法跟在香港一樣，如到新鴻基或恒地等網站了解其背景等資料，了解其實力，如有沒有得過獎項等，或留意曾否被投訴等。很多中小型發展商只得一至兩個項目，風險相對較高。

加國具實力發展商舉例

溫哥華

成立於 1992 年的加拿大西岸置業集團（Westbank，網址：http://westbankcorp.com），其總部位於溫哥華，是溫哥華區來極具規模及實力的發展商。迄今已開發總值逾 250 億加幣（約 1,502 億港元）的項目，包括地標級豪宅、五星級酒店、超大型綜合商場、AAA 級寫字樓、租賃公寓以至區域能源系統等。

西岸置業集團的官方網站。

多倫多

在多倫多，與 Westbank 同級的發展商則有 Tridel
（網址：http://www.tridel.com），其為北美最
大的發展商之一，具逾 80 年建屋經驗，興建過逾
80,000 個房屋單位。更於 2013 年榮獲由 Tarion
和建造業及土地發展協會（BILD）頒發的 「最佳大
廈建造商大獎」，並連續 4 年獲得「大多倫多市全
新住宅大廈建築商客戶滿意度」的最佳排名。

若是以上兩大發展商旗下的物業項目，堪稱信心保
證，買家亦自然買得安心，同時請放心，具實力發
展商旗下物業售價並不會因名氣而「離晒地」，仍
會有相對實惠的選擇。

Q7 / 加拿大的物業稅制情況如何？

加拿大稅制較香港繁複得多，故投資者應將此項因素納入考慮範圍內，以免最終的回報和預期有落差。

對海外買家而言，買入物業時，須支付物業價格約 2% 的土地/物業轉讓稅。持有物業時，則須年繳房價約 1% 的物業稅（Property tax）。出售物業時，則需繳資產增值稅，這稅項是按物業買入及賣出價的差額（即轉手利潤）計算，政府會收取這筆利潤當中的 12.5% 作為資產增值稅。

多倫多市中心的物業，大都極具時代感。

此外，出租物業所得收入的 25% 亦須交稅。一般而言，海外投資者都會透過當地代理或發展商收租，代理或發展商會在每月租金內先扣起 25% 繳付稅項。

有專家提醒投資者，如果本身擁有加拿大戶籍，例如是早年移民但已回流的人士要注意，當地政府會就加拿大人在海外賺取的收入徵稅。換言之，這類買家有機會需要繳交雙重稅項。因此這類投資者要清楚自己以何種「身分」買加拿大樓，建議先向中介公司諮詢意見。

買家投資置業應繳稅項：

- （購買物業時）約房價 2% 的土地/物業轉讓稅（Land/Property transfer tax）
- （持有物業時）約房價 1% 的物業稅（Property tax）
- （出租物業時）租金 25% 入息稅（Income tax）
- （出售物業時）約房價 12.5% 的資產增值稅（Capital gain tax）

Q8 / 加國地產代理有哪些功能？

越洋投資，委託一個有實力及有信譽的地產代理是必需的。要找到理想的地產代理，首先要認識一下代理的角色及責任。加拿大的房地產代理在買賣樓房的過程中扮演一個非常重要的角色：

I. 需具專業知識及嚴格職業操守

◎ 地產知識的訓練，如基本房屋機構、計算房屋貸款、房屋估價、房地產的相關法律；

◎ 通過考試並獲得專業執照；

◎ 熟知購買或出售一個房地產需要填寫表格文件，並提供相關信息；

◎ 嚴格的職業操守，須具多個房地產組織監管房地產經紀的專業資格（CREA, OREA, TREB）。

II. 使用 MLS 系統及擁強大人際網絡

加拿大有一個多重放盤系統（Multiple Listing Service System，簡稱 MLS 系統），當中有加國大量房地產資訊，僅持有專業執照的房地產經紀才可登錄使用。MLS系統還提供已出售物業的歷史資料，分析房地產數據的工具，在政府登記的物業資料，房地產發展商的樓盤

資料等。透過 MLS 系統，業主能夠接觸最多的潛在買家，而買家亦能夠透過專業的地產經紀獲得最快及最全面的房地產資訊。

一個好的地產經紀更應有強大的人際網絡和資訊，可轉介不同的專業人士及服務，例如房屋貸款經紀、房屋保險經紀、房地產律師、會計師、驗屋師、工程師、測量師、室內設計師、裝修師傅、水電技工、搬運公司、家居用品店和傢俬店等，讓業主能更方便解決各項環節的問題。

III. 應了解買家的需要及為戶主增取最大利益

◎ 聆聽及了解買家需要以找到合適的房子，作數據分析；

◎ 代表買家討價還價及爭取最大利益，推銷買家的樓房，確保得到最好的交易；

◎ 能助買家免除煩惱，避免續序延誤或出現代價高昂的錯誤。

Q9 / 扑槌買樓前後有乜要留意？

買樓前須熟悉流程，因加拿大買樓跟香港有頗大分別，加上買家毋須親身到加國處理，故更需先了解手續流程及發展商背景、簽合約的時間表，以及由誰負責跟進，還有按揭、貸款流程、出租流程及找誰協助等。

至於出租流程，其實可上網尋找及篩選具實力的地產經紀，以協助放租、收租、交稅及定期把錢存入戶口，另外，很多發展商都有租務管理協助。

出租方面亦與香港有分別，在加國，只須找一個地產經紀代表業主爭取利益，毋須找數個經紀。跟經紀簽約後，他會將放租資料上載網絡，全加國都會看到。

Q10 / 有沒有一些城市區域須慎選的？

其實每個國家或地方，都總有一些區域較不受公眾歡迎或難以成為熱門住宅區，例如鄰迎工廠區、治安不靖或黃賭毒肆虐的地區等，若在該些區域置業投資，回報多數不似預期。

避開問題區域

以多倫多為例，教堂大道（Church Street）便被視為較多同性戀者聚集的地區。至於 Entertainment District 顧名思義是多倫多的娛樂消遣地帶，似香港蘭桂坊般夜夜笙歌，難尋寧靜居所。而 Jane Street 及 Finch Street 一帶，有不少幫派及毒販流連，物業如位處或就近上述地區，投資者便務須小心審慎了。

多倫多市的教堂大道有較多同性戀者聚集。

業主噩夢！小心「大麻屋」

除了地區的選擇之外，選擇單位特別是獨立屋時，更須留意獨立屋有否曾被改裝過成「大麻屋（Marijuana Grow House）」，除了較易受「上手」影響引來不必要的騷擾，更可怕是房屋會被嚴重破壞。另外，放租者亦要小心租客將物業改裝成大麻屋，以免之後難再找新租客甚至物業報廢。

大麻屋的蛛絲馬迹

房屋的電力供應會被切斷，電錶會被拿走。因種植大麻須足夠大量電力作照明，為取得更多電力，須修改屋內的電線和電箱系統，即「偷電」。

煤氣供應也會被切斷，煤氣表被鎖上；暖氣系統亦會被破壞。因為種植大麻需大量的暖氣和二氧化碳，所以暖氣系統一定會被改造，例如管道被切斷或更改。此外，熱水缸的排氣也會遭切斷和改造，用作產生蒸氣和暖氣。

總括來說，大麻屋會把房屋嚴重破壞，房子可變成「Not Safe To Occupy（居住不安全）」，甚至被市政府查封禁止居住。而屋內暖氣系統、熱水缸、電力系統、水管等，都須重新修補或更換，並經市政府檢驗才能取回居住證，業主血本無歸。

Q11 / 越洋買加拿大樓的程序是怎樣的？

這裡為大家介紹一下在加拿大買樓的具體流程。注意，這裡所述僅是簡約的流程介紹，各步驟的細節內容，後文將再作詳述。

Step 1. 選擇心水物業

第一步是要針對自己的需求與預算，選擇位於心水單位，這步驟可能會較花時間。當然，買家也可透過加拿大地產代理，把預算價位、區域、房子或單位樣式等條件相告，由代理篩選出合適的物業。如是樓花（未落成樓宇），則可依據前文述及的法則（包括區域、座向等）選擇單位。注意，若單位有多於一位買家購買，原則是先到先得而非價高者得的。

Step 2. 出價及找律師講解合約

若對房子感滿意，便可以支付訂金（一般為 5,000 港元），並請代理出價（offer）給賣方，出價時會列出一些重點：

 I. 買家出的買價；

 II. 購買條件（Subjects）和條件完成日期。例如：貸款通過和驗屋通過（這是一般 offer 一定要寫的），要

求換地毯、重新油漆等條件。

   III.交吉日期（文件過戶的日期）；

   IV.搬進日期（可以正式搬進去的日期），一般是交吉日的隔天；

   V.調整日期（買方開始負擔之一些相關稅金或費用的起算日期）；

   VI.訂金金額（出價時可繳出價約 1%，當作是落訂誠意。等購買條件移除後，賣方將會要求訂金提高至成交金額的 5% 左右)。訂金將暫存在買方代理公司裡的信託帳戶內，若該物業終於成交，該訂金即成為成交金額的一部份；若未成交，該訂金將由買方代理退還給買家。

其實性質上，這筆訂金的金額大約就是等於買方代理的佣金。同時，買家需要委託在港的加拿大持牌律師向買家講解買賣合約內容。

Step 3. 賣方還價（Counter-Offer）

註：若買一手樓或樓花，多設有定價，此項不適用。

賣方會針對準買家的價錢與條件作還價，也有的賣方無法接受準買家的價錢與條件，就此作罷。 若準買家有接到賣方的還價，賣方可能修改了開出的價錢與條件，準買家可以接受，或依然可以再提出另一個價錢與條件。

直到成交的價錢與條件，雙方都能接受，這份房產契約就算「準成交」。

Step 4. **申請銀行貸款**

在交樓前 12 個月，買家需要開始辦理按揭手續，可比較數家銀行，尋找利率較低與還款條件較佳的銀行，有部份加拿大銀行在港設有分行，可由港分行代勞。

當買家跟銀行敲定利率與條件後，這一個利率與條件會保留 90-120 天（視各銀行政策不同），若在這一段期間利率降低，將適用新的低利率；若利率提高，就維持議定的利率。在這段保留期間內，可以慢慢找房子。

當有了上述「準成交」的契約後，拿到銀行，銀行即會開始展開估價，並會注意買家的條件移除日期是否足夠讓銀行完成作業，若來不及，買依然可以向賣方提出更改移除條件日期。

辦理物業貸款流程

客戶準備

房屋買賣合同
地產代理的姓名及電話
律師的姓名及電話
各種有足夠資金交付首付及還款能力的證明
護照，身份證，如有加拿大移民簽證或移民局發出的申請檔案號也請提供

CIBC 加拿大款部審批（最快 15 個工作日）

客戶陸續將首付款匯入 CIBC 為其在加拿大分行開立的個人加元賬戶
（必須於交易日 closing date 十五天前匯入）

CIBC 於交易之日放款，開始起息

資料來源：加拿大帝國商業銀行（CIBC）的申請貸款流程簡表

Step 5. 簽約前驗樓及條件移除（Remove Subjects）

買方代理通常會問準買家是否需要付費驗樓，並協助找驗屋師。驗樓師在驗樓過程中，會在買賣雙方代理面前，告訴準買家房子的大小問題（如有），並提供書面或口頭驗樓報告。

準買家必須在條件移除日期前，完成貸款和驗樓（或其他列於條件移除中的項目）行動，若是在條件移除前，不想買該間房子，只要條件移除書未簽，準買家都可不

履行合約，毋須付任何違約金。 當買方的所有條件都移除了，簽了條件移除書，這份買賣契約就正式生效，這時賣方代理會要求增加訂金金額。繳付訂金後，若買家這時才突然決定不買這房子，就算違約，須付違約金，而訂金將歸賣方屋主。

Step 6. 支付首期、樓價及交吉

當準買家的條件解除、買賣契約成立後，買家的代理會為買家、或買家自行找公證人或律師來辦理過戶手續。該公證人或律師會直接與買家的貸款銀行聯繫，交屋日期前必須至公證人或律師處簽署買賣文件，即日交吉。另請留意，部份物業於簽訂合約後 6 個月內須再繳付部份樓價。

Step 7. 房屋放租

買家拿到鎖匙後，可以委托發展商的管理團隊全權管理該物業。包括尋找租客，對物業檢查並修繕，並將每月租金回報匯入買家戶口。

Q12 / 關於樓貸，有哪些加國銀行
在港設分行？

現有兩間加拿大銀行在港設有分行並可提供加國物業按揭服務，分別是：加拿大帝國商業銀行（Canadian Imperial Bank of Commerce，CIBC）及滿地可銀行（Bank of Montreal，BMO），身在香港仍可經其辦理加拿大樓的貸款。買家需親身在該銀行開辦加幣戶口及填寫申請按揭文件，同時須展示買家的首期款項，毋須買家入息證明，一般需要約 2 至 3 周，即可申請成功。未來買賣及放租的款項都經該銀行的加幣戶口處理。

注意，在港分行僅是代為收集文件，一切申請的審核、批準等都是越洋由在加拿大的本行處理的。

加拿大帝國商業銀行

Q13 / 加國銀行按揭還款期及利率是？

當向加拿大的銀行證明有支援物業首期的金額及開立加幣戶口後，便可申請按揭，而能申請的還款期，與香港的銀行相若，同是最長 30 年。

至於年利率，現時大約是 2.5%，在歷史上處於低息水平。換言之，相對能以很便宜的代價取得貸款，相當划算。此外，銀行將安排為現樓或在樓花將落成前進行物業估價（Appraisal），毋須買方勞心。

在此又多說一句，現時加拿大處於低息期，而歷史上加國銀行年利率多為 5-6% 的水平。

滿地可銀行

Q14 / 樓宇交吉時需要驗樓嗎？

畢竟是付出巨額金錢置業，事事謹慎是必然的，如果不幸買入「爛屋」一間，樓價之上再加一筆維修費，真是「未見官先打八十大板」，屆時欲哭無淚。

因此，買家若希望保障自身權益，驗樓一環便顯得特別重要。在香港買樓，一般是在成交確定前，買家親自驗樓，目視狀況，如有否漏水、牆身剝落等，即場要求業主維修。

至於在加拿大，驗樓師是頗重要的角色，一般買家都會在睇樓時委託專業驗樓師進行驗樓程序。由屋頂、全屋水電、暖氣、煤氣到最細微的隨物業附送的家電都一一檢驗，耗時或可長達 5 個小時。

在驗樓後，驗樓師更可提供一份書面報告。有些銀行更需要有這份驗樓師簽署的報告書，才會發放貸款。

不過，一般來說只有在買樓齡逾 7 年的二手舊樓時，才更需要驗樓以保權益。若買家是買一手新樓或樓花，因有前述的 1、2、7 年新屋保障計劃，故也可省卻專業驗樓之煩。

驗樓師對新手買家而言，十分重要。

Q15 / 可委託甚麼人交吉收樓？

不在加拿大的外國人，可以授權加拿大境內的親戚或朋友代理完成按揭貸款。不過，若要委託第三方人士交收房產，需要在律師行見證下簽署《委託授權書》（POWER OF ATTORNEY，POA），即可委託第三方進行相關程序。

此外，買家的地產經紀或律師，都不允許成為買家 POA 的受委託人。也就是說，買家只能委託除了自己的地產經紀或律師之外的人，來作為自己在加拿大買房的全權代理，行使簽字權（購買樓花除外）。

而更重要的一點是，須找到同意通過委託授權書簽署貸款的銀行，此類銀行並不多，而且銀行亦有可能因此對交易的細節，有比較嚴格的要求。

Q16 / 置業過程中還有甚麼費用支出？

在買樓過程前後，除了樓價首期外，還牽涉有不少各類費用，在此為讀者講解一下。注意，這裡不以沒有管理公司的獨立屋為例，而以較推介大家投資購買的共管式公寓（Condo）為例：

◎ 管理費：計算方法跟香港大同小異，跟據不同發展商而定，按呎數計算，各樓盤相異，一般約 0.5 加幣／平方呎。

◎ 銀行樓貸利息：年利率約 2.5%。

◎ 物業轉讓稅（Property Transfer Tax）：如買二手樓須繳付。計算方法是購房金額頭$200,000 加幣，省政府收取 1% 的稅款；$200,000 以上的部分，收取 2% 的稅款。此稅項只適用於購買卑詩省的物業。

◎ 商品及服務稅（Goods and Services Tax）：如買新樓需繳要付。於新屋成交日期繳付房屋售價的 5% 稅金。此稅項只適用於購買卑詩省的物業。

◎ 物業稅（Property Tax）：在加拿大擁有物業的業主，性質如香港的差餉，業主每 3 個月都必須要向市政府繳納此稅款。

◎ 律師費：約 1,500 至 2,000 加幣。

◎ 土地轉讓稅（Land Transfer Tax）：約樓價

2%。此稅項只適用於購買安大略省的物業。

◎ 地產代理佣金：約樓價 2 至 3%。

◎ 驗樓費：約$300-$500 加幣。

◎ 租務管理費：放租物業，地產代理將收取每個月租金的 6% 作為租務管理費用。

◎ 資產增值稅（Capital Gain Tax）：若物業放售有錢賺，須請會計師計算繳交此稅項。一般為增值的 12.5%。

主要稅項及費用

	多倫多	溫哥華
購買物業		
律師費	約加幣1,500 - 2,000元 （約HK$8,900 - 12,000）	約加幣1,500 - 2,000
土地轉讓稅	約2%	不適用
物業轉讓稅	不適用	加拿大公民或居民：約2%； 非加拿大公民或居民：約17%
商品及服務稅（GST）	不適用	5%
持有物業		
物業管理費	按項目定價	按項目定價
地稅	約1%	約1%
租金入息稅	租金25%	租金25%
出售物業		
律師費	約加幣1,500 - 2,000	約加幣1,500 - 2,000
地產代理佣金	2% - 3%	2% - 3%
資產增值稅	12.5%	12.5%

註：表內%為「等同樓價的百分比」

Q17 / 購買樓花有特別須注意的地方嗎？

若是買樓花的買家，請注意收樓期可能會有額外的入伙支出（術語為 Occupancy cost）。

一般而言，發展商會在交樓前的 3 至 6 個月，通知買家將可以交鎖匙，這時，發展商更會要求買家定一個入伙日（Occupancy date），假設定日後便可委託第三方或親身驗樓收鎖匙，至此為止代表可入伙居住。

然而，這時只是可以入伙，但業權仍未在業主名下的！通常物業轉讓日（Closing date）會遲入伙日 3 至 6 個月不等。

換言之，這段時間內業權仍不是業主的，即等同於是在「租發展商的單位」而已，但在此期間該單位的所有支出是屬於業主而非發展商的，故業主須負責這段期間物業的管理費、水電煤氣費、發展商收按揭利息及地稅等支出。

Q18 / 如何在萬里外的香港，管理
加國物業的租務等事項？

一般會推介委託當地地產代理進行放租及租務處理事宜。而買家（即業主）只須透過網上銀行的加幣戶口，檢視租金是否有正常收繳及其他雜費的支出等，若有問題便直接向地產代理查詢即可。

長遠而言，據悉有一些海外置業代理公司，如康宏國際地產投資為買家設計相關的手機 App，可以經手機或平板電腦管理海外物業的資訊、租務情況（如租金帳、租約期等）的報告及買賣合約的副本等。不過，目前暫只支援日本物業，將來可望有支援加拿大物業的 App。

圖為康宏提供的投資日本物業管理 App。

Q19 / 買家需為物業購買保險嗎？

一般而言，由於買家只是購置加國物業作投資，而非自住，加上有七年的新屋保障計劃，故毋須購買其他家居保險。原因是這其實只是現住戶需要購買，身為業主的物業買家，一般而言並沒有購買保險的需要。

不過，基於安全考量，畢竟物業所費不菲，都是血汗錢，故在此也推介買家為加國物業購買基本的火及水險；而按加國當地常規，業主可以要求租客在入住時，購買第三者保險及個人財產保險。

Q20 / 若價位有賺想放售物業該怎辦？

一般而言，放售物業與放租一樣，都是可以透過當地持牌地產代理進行，毋須業主親往加國處理。

現在社會實行電子化，透過網上銀行及手機應用程式，便能遙距管理海外業務，資訊一目了然。雖然香港人習慣了所有業務已由自己一手管理，不過，有關的物業管理可交由外國的地產代理公司負責，所以不用親身管理。業主只需要把心水價位告知地產代理，地產代理方便可以代勞。

注意，物業轉手過程中，鑑於業主是外國人，故律師及地產代理會向業主要求簽署一系列文件，包括按揭記錄、驗樓報告、稅務及水電雜費等資料，業主按對方需要呈遞即可。

放售物業時業主須準備文件清單

◎ 物業稅單

　　註：如是公寓（Condo），則改為管理費資料及單位狀況證明（status certificate）

◎ 物業契約（即樓契）

◎ 設施費單，包括：水、電、煤氣、暖氣費單等

◎《買賣房屋合約》，即著名的「OREA Form 100」，依不同情況有上百份表格，較關鍵的計有：

　　※「Working with realtor（與地產商合作）」確認書

　　※ 專售協議書（Listing agreement）

　　※ 加拿大房地產銷售系統（MLS）資料表

　　※ 加國金融交易和報告分析中心（FINTRAC）ID 表格

◎ 另須提供以下資料（如有）：

　　※ 設施（如廚房、浴室、室內及家電裝修）基本及改裝資料

　　※ 設施（如廚房、浴室、室內裝修）改裝收據

　　※ 鄰里社區資料，如所在校網及排名、周邊民生設施等

Q21/ 若放租物業該怎辦？怎揀租客？

近年，愈來愈多海外學生、特別是中國學生到加拿大升學，造就了當地的租務市場活相當活躍，所以在大學區附近的的單位特別搶手，樓價亦較高。但據當地的地產紀指出，由於學生都不太願意花錢租屋，近年更多見分租的情況。

鑑於學生的租金有限，不少業主都選擇租予消費能力較強的專業人士。加拿大的專業人士年薪普遍由 8,000 至 10,000 加幣（約 48,000 至 60,000 港元）不等，他們除肯花錢租屋之外，他們能簽下的租約較長及背景，亦是受業主歡迎的原因。

若在職人士對於某單位有興趣租住，業主可先委託地產經紀去審查該租客的背景，如要求出示工作證明、收入證明或作借貸審查等，如此便能保障身處海外的業主免受損失。

Q22 / 如何讓好租客「長租長住」？

作為業主，找到了好租客後，當然希望租客「長租長住」。加拿大的租約一般為期一年，但不少專業人士為省卻麻煩，都會選擇簽下 2 至 3 年的較長租約。而業主亦不用擔心「租約空窗期」的空置，因為在加拿大，若租客棄租，需在 60 日前通知業主，之後業主便可刊登招租廣告，所以，若租約愈久，對業主便愈有好處。

 ## Q23 / 非加國業主需要繳稅嗎？

如果非加國居民是買屋自用，不論是給家人住還是用作度假屋，就沒有租金收入，也就不用繳稅給加拿大當地政府。不過，如果放租物業，而且此買家也是當地稅法上的非稅務居民的話，出租房產獲得的租金收入是需要繳稅的。

一般而言，地產代理公司會每月向稅務部門提交租金淨收入的 25%，作為提留保證金。當然有許多項目是可以消減的，比如貸款利息、地稅、管理費、小額修理費用及其他各種費用等。

為免除麻煩及保證資料準備，業主可於每年度的年底，尋找具加拿大當地執業資格的會計師代行報稅，收費大概由 250 至 400 加幣（約 1,500 至 2,400 港元）不等。

物業租金報稅小貼士

請注意，業主有部分支出，其實可從物業租金收入中申請扣稅的，包括：房屋按揭利息（Mortgage Interest）（但不包括本金）、地稅（Property Taxes）、水電費（Utility Costs）、房屋保險（House Insurance）、維修費（Maintenance Costs）、刊登廣告費（Advertising）、物業管理費（Property Management Fee）。

加拿大稅務局（Canada Revenue Agency，簡稱 CRA）有租金收入指引（編號 T4036），載有可扣除支出（Deductible Eepenses）、資本費用津貼（Capital Cost Allowance）、假設物業作市價賣掉（Deemed Disposition），以及其他關於物業租金收入（Property Rental）的資訊。

讀者可於網址查閱：www.cra-arc.gc.ca/E/pub/tg/t4036/t4036-e.html

Q24 / 不幸遇到「租霸」怎麼辦？

如果發現租客經常欠租、遲交租，行為迹近「租霸」者，甚至拒交租，那第一步當然是沒收租客的按金，而法例上亦有權要求租客搬走。

若問題租客仍無反應，則可報當地警察，由法庭頒令「爆門」逐走該租客。若發現物業被破壞更可以訴諸當地法庭。

順帶一提，一些「積犯級的租霸」，在當地的地產代理有名單資料庫，一般地產代理可篩走這些人物。

Q25 / 何謂逆向按揭 (Reverse Mortgage)？

這在加拿大相當常見，多見用於較年長的業主。其實即是把物業押予金融機構（一般為銀行），換取供養晚年的金錢。金融機構會評估借款人（即物業業主）的年齡、樓價、未來升值、折損情況及假設借款人去世時的樓價等，減去預期折損和預支利息，按人均壽命計將房屋的價值分攤到借款人的預期壽命中，一筆過或是按月支付現金給借款人，直至物業出售或借款人去世。

成立於 1986 年的加拿大房屋入息計劃（Canadian Home Income Plan，CHIP）向擁有房產的長者提供逆向按揭，參與者可一筆過取得房屋價值 10% 至 40% 的金額。按客戶的年齡及性別而定，年紀愈大，百分比便愈高。另外，加國物業的逆向按揭適用於外國人業主。

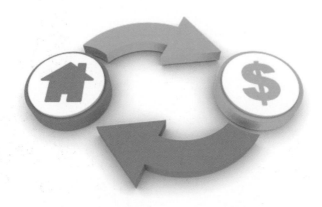

多倫多市

Chapter 04
投資熱點推介
——多倫多

Part
1 | # 置業投資@多倫多

看完之前介紹的加拿大置業優勢，與及在加拿大買樓的步驟、支出等具體資料後，來到最後兩章，會分別集中介紹加國最具置業投資價值的兩大城市：多倫多及溫哥華，輔以實地樓盤分析這兩大城市在物業投資方面的優勢。

🍁 簡析多倫多優勢

儘管加拿大官方機構曾就該國升體樓價過熱發出警示，但加國樓價依然升不停。在加拿大眾區中，多倫多與溫哥華是最受投資者歡迎的。

樓價走勢方面，溫哥華 2015 年全年樓市升幅超逾兩成的高水平，達 25.34%，平均樓價 84.48 萬加幣（約 505 萬港元），蟬聯全國最貴價地區。至於多倫多及維多利亞市按年升幅同達雙位數，分別急漲 12.64% 及 12.02%，平均樓價分別為 61.47 萬加幣（約 367 萬港元）及 49.36 萬加幣（約 295 萬港元）。

溫哥華 VS 多倫多

	溫哥華	多倫多
面積	2,878.52 km²	5,905.71 km²
人口 (2015年)	2,513,869 (較往年+1.2%)	6,129.900 (較往年+1.3%)
GDP	$1,098億美元	$2,763億美元

資料來源：康宏國際地產

回顧 2015 年，單以 1 月份計，多倫多已錄得 4,000 宗交易，相對溫哥華 1,700 宗更是以倍數勝出，加上近年再次重新燃起移民潮，令多倫多這個移民勝地更受物業投資者歡迎，故這一章重點先談多倫多。

🍁 全球最宜居的多倫多

2016 年「英國經濟學人智庫（The Economist Intelligence Unit）」評選多倫多為全球最宜居住城市

第 4 位（註）。作為加拿大最重要的經濟及文化中心之一，多倫多在安全、民主等各方面均名列前茅，十分受海外人士歡迎，是移民及安居樂業的不二之選。

地理上，多倫多市（City of Toronto）位於安大略湖西北岸的南安大略地區。由原多倫多（Old Toronto）、約克（York）、東約克（East York）、北約克（North York）、士嘉堡（Scarborough）及怡陶碧谷（Etobicoke）六市合併而成，面積達 632 平方公里，人口約近 280 萬，是安大略省中口最稠密的省會，同時是加拿大第一大城市，亦是北美中第五大城市。

註：全球最宜居城市是經濟學家信息社（Economist Intelligence Unit）通過對全球140個城市進行的調查，根據治安、基礎建設、醫療水平、文化與環境及教育等指標進行評估評選出來的結果。

🍁 全球經濟重鎮 人口多元化

作為加拿大的經濟中心，多倫多是一個世界級城市，同時是世界上最大的金融中心之一。交通運輸、金融業及旅遊業在多倫多經濟中佔有重要地位。

加拿大有名的大銀行總部，如皇家銀行、帝國銀行、蒙特利爾銀行等均設於多倫多，全球有近 9 成銀行有在多倫多設分行，按交易額計算，多倫多證券交易所是世界第 7 大交易所。

多倫多有「北美最安全的大都市」之譽。

多倫多向來是是前往加拿大移民的重要落腳點，市內有 49% 的人口是非加拿大原地出生，也造就多倫多成為世上種族最多樣化的城市之一。華僑及華裔人口多達 40 萬，約佔加拿大全國人口百分之一。

新移民大批到來帶來了大量資金，強化其作為加拿大經濟、商業、金融和文化中心的地位。加上多倫多的犯罪率長久以來都處於較低的狀態，故享有「北美最安全的大都市」之譽。

🍁 教育名城 民生豐盛

多倫多的教育資源也很豐富，市內有多倫多大學、懷雅遜大學、約克大學以及辛力加學院，附近有滑鐵盧大學、皇后大學、西安大略大學等名校。

其中最著名的多倫多大學始建於 1827 年，是北美大陸最古老的大學之一，也是世界最重要的研究性大學之一。約克大學位於加拿大多倫多市北約克區，是加拿大規模排第二的大學。

圖為皇后大學圖書館一隅。

大多倫多市內的中小學，以公立中小學為主，也有多所有名的私立學校和以因材施教而著稱的學校。若是多倫多居民，更可以享受免費公立小學、公立中學教育。對於不同經濟條件的新移民，在多倫多都可以找到最適合的教育資源。

多倫多的低犯罪率、潔淨環境、高生活水準、以及對多樣文化的包容性，令該市被多個經濟學智囊團列為世界上最宜居城市之一，也為該地樓市維持騰升的動力。

有香港報章專文推介多倫多的樓盤。（資料來源：《星島睇樓王》16 年 2 月 20 日）

Part 2 | 多倫多房地產包括哪些城市和區域？

大多倫多（Greater Toronto Area）以多倫多市為中心，被杜林區（Durham）、哈爾頓區（Halton）、皮爾區（Peel）和約克區（York）4個區包圍。4個區域內各有獨立的市、鎮。所以整個大多倫多包含多倫多市總共有25個市、鎮，人口約600萬，佔加拿大總人口的20%。

杜林區（Durham Region）

◎ 1.亞積士鎮（Ajax）

◎ 2.奧沙華市（Oshawa）

◎ 3.皮克靈市（Pickering）

◎ 4.懷特比鎮（Whitby）

◎ 5.卡靈頓自治區（Clarington）

◎ 6.厄士橋鎮（Uxbridge）

◎ 7.史喬各鎮（Scugog）

◎ 8.布洛鎮（Brock）

約克區（York Region）

◎ 1.奧羅拉鎮（Aurora）

◎ 2.萬錦鎮（Markham）

◎ 3.列治文山鎮（Richmond Hill）

◎ 4.旺市（Vaughan）

◎ 5.東貴林伯里鎮（East Gwillimbury）

◎ 6.佐治拿|喬治拿鎮（Georgina）

◎ 7.皇帝鎮（King）

◎ 8.紐馬克鎮（Newmarket）

◎ 9.維特祖治-斯多夫維爾鎮（Whitchurch-Stouffville）

皮爾區（Peel Region）

◎ 1.密西沙加市（Mississauga）

◎ 2.賓頓市（Brampton）

◎ 3.卡里冬鎮（Caledon）

哈爾頓區（Halton Region）

◎ 1.奧克維爾鎮（Oakville）

◎ 2.布靈頓市（Burlington）

◎ 3.彌爾敦鎮（Milton）

◎ 4.哈爾頓山鎮（Halton Hills）

基於大多倫多地區可謂五為一體，故筆者在此較集中推介多倫多市的物業項目，以下圖片是多倫多市 23 分區的地圖，是各位物業投資者必須要先弄清楚的。

多倫多市（City of Toronto）重點 6 區域

◎ 1. 市中心（Downtown）

◎ 2. 怡陶碧谷（Etobicoke）

◎ 3. 北約克（North York）

◎ 4. 約克（York）

◎ 5. 東約克（East York）

◎ 6. 士嘉堡（Scarborough）

為何選擇投資
多倫多物業？

🍁 1. 加拿大經濟重心

多倫多市中心一帶商業大廈林立。

多倫多屬於加拿大的經濟中心，就如日本的東京、美國的紐約、中國的上海，居住在這些地方的人相對上的購買意欲較高。

作為加拿大經濟中心，多倫多於 2003 年走出經濟困境後，一直是國內經濟增長迅速最快的城市之一，國內生產總值（Gross Domestic Product，GDP）佔全國總值 11%。多倫多擁有先進製造業部門，還有知識密集型服務業部門如金融、商務及信息服務業等。

多倫多同時是金融與投資中心，匯集了加拿大最大的 5 家銀行、50 多家外資銀行總部及 11 家證券公司，控制資產超過 2,500 億加幣，亦是跨國公司、國際企業總部集中地，經濟發展潛力較溫哥華佳。

此外，不少大型的商業機構（如 Manulife Financial）也在這裡設立總部。造就了許多就業機會，吸引了不少人口，同時帶動市區的房屋與租務需求。

🍁 2. 生活便利 一應俱全

市中心四通八達，各大商場、超級市場及食肆等隨處可見，繁華熱鬧，消閒生活一應俱全，市中心地帶住宅樓價雖較為高昂，但住宅單位仍供不應求，流通率高，對物業投資者而言，反可賺取更高的租金回報，目前年回報率可達 5% 或以上！

近市中心及機場 夠方便

如坐落艾靈頓大道西（Eglinton Avenue West）的一些樓盤，鄰近艾靈頓西站（Eglinton West），盡享交通之便，附近生活圈配套強勁，約 20 分鐘內即可到達市內著名的多倫多大學及約克大學，而大型購物中心及市中心地標央街（Yonge）亦近在咫尺，離機場亦僅約 20 分鐘車程，配套完善。

在教育方面，有 12 間著名的大學座落於多倫多，包括多倫多大學、約克大學、懷雅遜大學、辛力加學院等，吸引不少海外留學生就讀，加上大部分學生畢業後選擇留在多倫多工作，為求減省交通時間，不少人選擇租住就近市中心或鄰近公共交通總匯的房屋，因而增加對住屋的需求。

🍁 3. 地鐵沿綫　北約克為投資首選

北約克屬物業投資的佳選。

多倫多的鐵路系統發展完善，交通配套發達，即使離市中心較遠的區域亦受惠。北約克市（North York）有鐵路與市中心接軌，也是華人聚居的黃金地區，街坊鄰居「同聲同氣」，甚有親切感。

北約克市離市中心較遠，惟近年受海外買家歡迎，全因該社區自成一隅，乘搭巴士至市中心僅 40 至 45 分鐘車程，鐵路約半小時。該區居住環境較市中心為優，綠樹成蔭，遠離市區的繁華擠擁，高樓大廈比例甚低，公共空間較寬敞，單位面積普遍較大，自然可住得更舒適愜意。

華人同聲同氣 校網佳

此外，北約克市最大特點是有許多華人聚居，校網佳，有多所學府選擇，大型商場及食肆商店等齊全，衣食住行富足，除有公司客外，亦不乏想住近學校的家長客。

北約克市因稍為遠離多倫多的黃金地段，樓價更為划算，一房單位僅逾 27 萬加幣（約 160 萬港元）已有交易，唯一缺點是始終離市中心地段較遠，矜貴度減低，租值一般，租金回報當然遜於市中心。

🍁 4. 收租抵銷物業稅務開支

多倫多租金水平高，足以抵消物業支出有餘。

綜觀全球地產市場，加拿大的樓價相對較低，在當地，一般 100 至 200 萬港元就能買到一個實用面積約 300 至 400 呎的單位。樓價雖不算高，但由於求過於供，故租務市場相對活躍，租金收入亦因此變得更吸引。

一般而言，租金回報更可幫助供樓之餘，更有約 5 至 6% 的年回報，而加國銀行的按揭利率約 2 至 2.5 厘，租金更能用以繳交雜費，變相由租客幫忙供樓，抵銷有關開支如按揭、管理費和地稅。

住宅出租率達 9 成 9

現時，多倫多市中心租盤需求殷切，一般住宅的出租率高達 99%，吸引跨國公司及大型企業的公司客承租，這類租客質素優良，故大部分的一房及兩房單位，租金回報可穩守約 5 厘。

多倫多其中一個重點發展區央街—艾靈頓大道（Yonge Eglinton），位於全市的中心點，近年居住人口穩定上升，就業增長率在全市排名第 2，故吸引了不少長線投資客。

由央街—艾靈頓大道（Yonge Eglinton）出發，乘搭公共交通工具至市中心一帶，車程約 30 分鐘；至於乘搭鐵路，車程只需 20 分鐘，出入方便。該區居住環境比市中心清靜，高樓大廈數量少，公共空間寬敞，有更多生活地方，普遍物業主打大單位。

擬建全新輕鐵線　交通更便捷

隨着全新的輕軌運輸系統艾靈頓跨市輕鐵線（Eglinton
Crosstown LRT）將於 2020 年落成，大型運輸交通網
絡將貫穿東南西北各區，僅需 10 餘分鐘車程即達市內
核心商業區（Central Business District，CBD）。

央街—艾靈頓大道（Yonge Eglinton）四周有多間
學府可供選擇，校網甚佳，如北多倫多中學（North
Toronto Collegiate Institute）及多倫多大學
（University of Toronto）等；另區內配套多元化，有
超過 100 多間食肆任君選擇，兼有大型商場、特色酒吧
等商舖，衣食住行包羅萬有，生活機能便利。

🍁 5. 需求大供應少 租金樓價攀升

多倫多樓市保持強勁升浪。

在全球經濟下滑的大環境下,加拿大樓市發展依然穩步上揚,當中以多倫多表現最為突出,無論在成交量抑或租用率,都表現理想。

由於南面的安大略湖至北面的綠色地帶的地理因素,以及土地用途的限制,使多倫多可用於興建房屋的地段愈來愈少,但住屋需求卻愈來愈多。因加拿大政府的移民政策,每年約有 20 萬名移民到達大多倫多市,加上近年香港政治不穩定,令一部分已入籍而回流的香港移民,再回流到多倫多,重新激發移民潮,令房屋需求愈來愈殷切。

亦有較進取的地產從業員及發展商，將當地樓盤帶到亞洲出售，配合大量流動資訊平台，不少房地產信息容易傳遞到海外投資者的手中。再者，相對於外國其他城市，加國的樓價相對吸引，加上低按揭息率及近年加幣兌匯處弱勢，更吸引了不少海外投資者。

由於大量人士前往當地就業及移民，刺激住屋需求，令住宅市場出現供不應求的情況。即使市政府不斷擴展城市版圖，但現時住屋需求仍見緊張。該市房屋空置率長處低位，導致樓價持續上升，租盤亦變得矜貴，租金回報率相對可觀。

2010 至 2015 年樓宇買賣數據分析

年份	銷售量	平均售價(加幣)	按年升幅
2010	85,545	$431,276	7.07%
2011	89,096	$465,014	7.82%
2012	85,496	$497,130	6.91%
2013	87,049	$522,958	5.20%
2014	92,783	$566,626	8.35%
2015	98,868	$618,018	9.07%

資料來源：多倫多地產商會（TREB）

| Part **4** | 必讀！
多倫多熱門投資地段 |

在多倫多區內不難見到如圖的中式建築物。

在多倫多社區內，華人大多在列治文山
（Richmond Hill）、萬錦市（Markham）等地區
置業，亦即是約克區（York Region）。2015 年多
倫多房價上升了 14%，當中以列治文山與萬錦的
增幅最大，而萬錦市中的 Cachet 區，房價更漲了
21% 之多。

97 年香港回歸中國，一批香港移民來到多倫多，打算購置房產。這些香港移民大多為中產階層，喜歡新樓及豪宅，Cachet 便成了首選。因此在往後的 10 多年裏，這裏的居民不少是說粵語的。但在 2005 年以後，內地的房價暴漲，中國移民開始富裕。順理成章地 2010 年後，Cachet 的買家變成內地人。

攻略 Cachet 區

Cachet 這個區可以分為三個部分，由西向東，檔次也逐層提高。在活拜街（Woodbine Street）以西的是 Cachet 是總多房子中最便宜的。這裏的房子價格大多在 100 萬加幣（約 590 萬港元）左右，甚至有些半獨立屋，只需 80 萬加幣（約 472 萬港元），當中更藏著 160、170 萬加幣的 3,000 呎豪宅。

但這裏算不上是真正的 Cachet。過了活拜街（Woodbine Street），小區的入口處才能看到「Cachet」。這才是 Cachet 的核心地段。這裏的房價最便宜的都要 100 萬加幣起價，叫價 200 萬加幣的 3 車庫豪宅遍地都是。

根據多倫多地產局的數據統計，於 2014 年第三季度，整個 Cachet 核心小區售出了 43 套房子，平均價高98.5 萬加幣（約 583 萬港元）；可是，到了 2015 年第三季度，整個小區賣出了 41 套房子，平均價已升至145.2 萬加幣（約 860 萬港元），增長近乎房價的一半。

將建兩大商業中心

據悉，Cachet 附近未來將興建兩個商業中心，其中一個由費爾圍購物中心（Fairview Mall）的開發商 Cadillac Fairview 所開發，將建造住宅、零售商鋪以及商廈。而這個商業中心就在 Cachet 的正南方，僅有一街之隔。

費爾圍購物中心

而另一個商業中心則是正在修建的王府井（King Square）工程。工程佔地 12 英畝，總建築面積達 100 萬平方英尺，是一家集零售商場、大型超市、餐飲、會議中心、賓館、公寓、社區中心及娛樂中心為一體的綜合商業中心。

一旦商業中心建成，Cachet 居民出門購物逛街也將變得更加方便，對於該地段的住屋需求，亦會大大提高。

其實，現時愈來愈多年輕人喜愛在多倫多市居住，不像嬰兒潮人士愛在近郊（suburbs）定居。另外，多倫多市鼓勵在「大街大巷」發展高密度住宅，繼而吸引更多人選擇在市區居住，令多倫多市如儼港島加九龍，成了大多倫多的中心地帶；而該處可建土地有限，尤其獨立屋地段，也是買少見少，故共管式公寓成為主流，價值也屢創新高。

央街一帶　放租有利

多倫多的 Bridle Path，則有如香港的山頂區、石澳；至於森林山（Forest Hill）、玫瑰谷（Rosedale），則有如淺水灣；另外，國王道（Kingsway）、約克坊（York Mills），就如西半山及中半山。上述皆以獨立屋為主。

至於多層大廈，部分處於湖邊地帶，以及處於市中心區，例如約克維爾（Yorkville）等，熱門公寓式單位則可在此地區尋找。

大多倫多市的主軸街道——央街。

若要選最容易出租的地方，則宜選鄰近車站或車站上蓋物業，尤其央街（Yonge Street）一帶，是大多倫多市之主軸街道，有如紐約市之第五大道（Fifth Avenue），包括央街－布魯亞街（Yonge－Bloor）、央街－聖卡拉路（Yonge－St Clair）、央街－雪柏（Yonge－Sheppard）等。

另外，多倫多中心 C01 區猶如香港的中環，屬於豪宅區，大學及金融中心都集中於此，此外，該區還有娛樂設施及景點。而 C02 區則如香港的中半山區，滿街是名店和五星級酒店，是當地的購物天堂。

而 C07 及 C14 區則位於市中心偏北面，如香港的九龍區，有新興建的豪宅，附近沒有名勝景點，只有一些商業中心總部。C14 的住宅類型比較平均，有獨立屋、半獨立屋及公寓。

C01：市中心布魯亞街（Bloor Street）到湖邊，央街（Yonge Street）以西到德芙靈街德化林街（Dufferin Street）以東鐵路沿線。

C02：東起由央街（Yonge Street）西延至德化林街（Dufferin Street），南起由布魯亞街（Bloor Street）至北面的聖卡拉路（St. Clair Avenue）。

C07：位於 401 高速公路與士刁士大道（Steeles Street）之間、央街（Yonge Street）以西，包含了 Newtonbrook West、Willowdale West、Westminster-Branson 和 Lansing Westgate 四個社區。

C14：北約克士刁士大道（Steeles Street）以南到安大略 401 號省道，央街（Yonge Street）以東到富豪山庄大道（Bayview Street）以西。

2010 至 2015 年多倫多市樓宇買賣數據分析

市中心成交紀錄（最高 3 位）

首位	1房+1書房	約 HKD$350,000 (431 宗)
第二位	1房	約 HKD$300,000 (415 宗)
第三位	2房	約 HKD$50,000 (323 宗)

價格（最高 3 位）

首位	300k—399,999	550 宗成交
第二位	400k—499,999	375 宗成交
第三位	500k—599,999	200 宗成交

北約克成交紀錄（最高 3 位）

首位	2房	約 HKD$420,000 (146 宗)
第二位	2房+1書房	約 HKD$470,000 (105 宗)
第三位	1房+1書房	約 HKD$330,000 (96 宗)

價格（最高 3 位）

首位	300k—399,999	190 宗成交
第二位	400k—499,999	110 宗成交
第三位	200k—299,999	70 宗成交

資料來源：Condo Market Report 2015

多倫多市中心主幹道一隅。

多倫多市中心特色

多倫多市中心（Downtown Toronto）是加拿大安大略省多倫多市的商業中心地區。市中心南臨安大略湖、北至布羅爾街（亦包含央街－夾布羅爾街以北的部分地段）、東臨當河、西至巴佛士街。

多倫多市中心是加拿大的銀行和金融業重鎮，區內佈滿加拿大主要公司的全國總部。同時，區內有不少多層分契式公寓大廈陸續落成，而區內多個地標（如央-登打士廣場和皇家安大略博物館）亦相繼被翻新和重修。每天約有 80 萬人在日間時段進出多倫多市中心。

多倫多移民眾多，居民的 49% 為來自世界各地的移民。它還是北美地區有名的華人聚居地，約有 40 多萬華人。新移民的大批到來，帶來了大量資金，加強了其作為加拿大經濟、商業、金融和文化中心的地位。

金融重鎮 名店潮舖林立

值得注意的是，加拿大 5 大銀行的總部皆位於多倫多，此外，多倫多也是多家傳媒、通訊、零售和酒店公司的總部所在，當中包括羅渣士通訊集團、宏利金融、哈德遜灣公司和四季酒店。除了金融區外，亦少不了名店區 Yorkville 及年輕時尚區 Queen Street。

而多倫多向來受學生垂青，皆因附近有多倫多大學(University of Toronto)，懷雅遜大學(Ryerson University)，安大略美術及設計大學（OCAD University）等，所以住屋的需求一直有增無減。

北約克央街一隅。

北約克地帶特色

北約克（North York）位於加拿大安大略省多倫多市北部中心地帶。著名的多倫多藝術中心北約克中心地帶位處多倫多最主要街道央街（Yonge Street）之上，介乎芬治大道（Finch Avenue）和雪柏大道（Sheppard Avenue）之間，亦是多倫多地鐵的央街<->大學路<->士巴單拿線所貫穿的地段之一。

區內店鋪和商用樓宇林立，同時亦建有不少大型住宅公寓，在前市政大樓附近的發展尤為蓬勃，而多倫多藝術中心（Toronto Centre for the Arts）就正正建於前市政大樓旁邊。

不少世界知名的企業亦選擇在此區落戶，如寶潔公司（Procter & Gamble）、雀巢（Nestlé）、Cadbury Adams、瑞士蓮（Lindt & Sprüngli）、Equifax 和 Xerox 等大型企業，相繼在央街兩旁興建公司寫字樓，而麥當勞餐廳的加拿大總部亦選址北約克。

居住環境優 治安佳

北約克也是大多倫多市內治安及居住環境最好的區域之一。該區居民主要以中產和富人為主，區域內不乏大型豪宅區。而位於灣景街（Bayview）、約克米爾（Yorkmills）和勞倫斯街（Lawrence）的 The BridlePath，更是加拿大境內最富有及最有影響力的豪宅區之一。

該住宅區內房產價值數百到上億加幣不等，居民主要為加拿大最富有的商人、世界知名的體育及文藝明星為主。區域內其他知名的居民區還有 Hog's Hollow、Lawrence Park、Yorkmills、Willowdale 等。而區內亦不乏著名大學，包括約克大學（York University）及塞內嘉科技學院（Seneca College OF Applied Arts AND Technology）等。

Part

5 | 投資之前 盡掌市況

根據加拿大地產商會（The Canadian Real Estate Association）較早前發表的 4 月份重售市場報告，大多倫多地區屋價指數基準價格升至 614,700 加幣（約 363 萬港元），單月上升 2.55%，按年計算的增長更達到 12.64%。

至 2016 年 1 月，大多倫多地區屋價的單月及按年升幅分別是 0.74% 及 10.69%，自此之後便大致上一路上升。與上年同期比較，5 月份成交上升 6.9%，但新樓盤卻跌逾 10%，將成交量與新樓盤比率推高至超過 75% 的水平，成為歷來最高紀錄之一。

由此可見，多倫多的房屋供應極之緊張，再加上政府實施的措施只屬試水溫，今年餘下的日子，屋價應會繼續上揚。

另在 1 月份的資料顯示，在 5 種房屋之中，以 2 層（two-storey）獨立屋的價格升幅最為顯著，單以 1 月份同期比較，今年 1 月份較 2015 年同期，有最少 20% 的升幅，值得投資者的留意。根據多倫多地產局（Toronto Real Estate Board，簡稱 TREB）5 月份數據顯示，多倫多於 2016 年首 5 個月的銷售量，較過去的 3 年都有上升，反映了當地樓價即使接連有升幅，但仍阻不了入市的意欲。

又根據 TREB 的統計資料顯示，2015 年迄至 12 月中，大多倫多平均樓價超逾 60 萬元，當中以 5 月份最

高，高達近 650,000 加幣，全年銷售預計會超過 10 萬宗，創歷史新高；值得一提的是，6 月份的銷售量接近 12,000 宗，比傳統的 4 月及 5 月春季市場還要多。

而踏入 2016 年 1 月，銷售量稍為下跌，然而踏入 2 月，銷售量大幅上升至 7,587 宗，平均售價達 685,935 元。之後的 3 個月更每個月錄得過萬宗成交，平均售價更是高達 751,908 元，相信 2016 年下半年，多倫多的樓市仍然火熱，樓價仍有上升空間，值得留意。

2016 年 1 - 5 月多倫多房屋銷售量及平均售價

2016年	銷售量	平均售價
1月	4,640	$630,193
2月	7,587	$685,935
3月	10,281	$688,046
4月	12,066	$739,166
5月	12,870	$751,908

租務市場熾熱

樓價走上，加上需求持續，令多倫多的租務市場愈來愈熱烈。根據多倫多地產商會（TREB）的統計資料顯示，於 2016 年第一季，有 6,458 宗租務交易，較 2015 年同期第一季增加了 6.5%。同樣地，交易宗數的增加，引

致放租單位較同期下降，當中以 Downtown Core 的情況較為顯著。而在求多於供的情況下，租金定必續升。

2011 至 2015 年第 4 季多倫多公寓租賃成交數據

年份	成交量
2011	3,234
2012	3,644
2013	4,298
2014	5,032
2015	6,073

多倫多年均樓價走勢圖
Annual Average TorontoMLS Sale Price

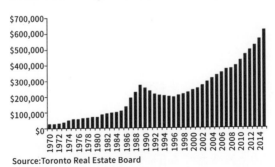

Source:Toronto Real Estate Board

投資個案參考——
Yorkville Park

Yorkville Park 模擬圖

針對近年住屋需求提升，不少發展商都積極開展新項目，又或是翻新舊建築去迎合市場。之前曾提及的名店區 Yorkville，將有新住宅項目推出——由加拿大著名發展商 Minto Group 推出的分層式大廈公寓「Yorkville Park」。

Yorkville Park 模擬圖

Yorkville Park 位於 Bellair 與 Cumberland 的交界。
大廈樓高 25 層，單位有 196 個，面積介乎 441 方呎
至 1,055 方呎。大廈距 Bay 及 Yonge 地鐵站僅數步之
遙，方便住客到達多倫多公共交通的中心。

2018 年入伙　年回報 5%

Yorkville Park 設有 2,000 平方呎的健身中心及其
他室內會所設施，讓住客盡享悠閒舒適。單位售價由
389,900 加幣（約 230 萬港元）起，租金年回報率可
望高達 5% 以上，預計 2018 年入伙。

類似的新發展項目，近年成為不少投資者的心頭好，皆
因毋須考慮維修、折舊等問題，加上發展商會提供一條
龍服務協助業主管理租務事宜，令業主安枕無憂。

發展商 Minto Group 簡介

Minto Group 是一間有 61 年歷史，並屢獲殊榮
的綜合性房地產開發公司和物業管理公司，該公
司以為人們建造健康的社區以及創新、鼓舞人心
的生活、工作和娛樂空間引以為榮。

迄今，Minto Group 已經在眾多城市，包括渥太華、多倫多、卡爾加里、倫敦和佛羅里達建造了多個物業，並計劃在將來進一步擴展公寓、精裝修套房、住宅、公管式公寓和商業空間等領域的項目，盼為人們創造更好的空間。而 Minto 參與設計和施工過的住宅和商業物業，已經累計超過 70,000 個。

多年來，Minto Group 贏得了眾多獎項和贊譽，兌現其卓越社區的規劃和設計，建設和客戶服務。近年，更贏得由安大略住宅建築商協會所頒發、著名的「建築商」獎（2012 年和 2014 年），並分別在 2014 年和 2015 年獲得綠色能源和環境領先開發商的榮譽。

溫哥華市

Chapter 05
投資熱點推介
──溫哥華

Part 1 | 置業投資@溫哥華

說到加拿大，豈能不講溫哥華？

港人對溫哥華應該絕不陌生，它既是加拿大西部最
多華人聚居的城市，也是港人在 97 年移民潮中熱
門目的地。2010 年時溫哥華曾舉辦冬季奧運會，
在直播裡不難看到該市優美的城市與自然景觀，這
亦是每年能吸引眾多旅客的主因。

🍁 人均空間大 宜居之都

溫哥華市（City of Vancouver）是加拿大卑詩省低陸平原地區的沿岸城市，根據 2015 年統計，溫市人口約 61 萬，而以整個大溫哥華區計，人口則超過 247 萬人口，是英屬哥倫比亞省以至加拿大西部的最大都會區，也是全國第 3 大都會區。

以面積計，溫市都會區足足是香港的 2.6 倍，人口卻只
有香港約 10%，人均生活空間大，故整體生活質素及居
住環境分別自是可想而知，事實上，近年溫哥華經常出
現在世界最宜居城市調查中的前列位置，可見一斑！

🍁 經濟重鎮 交通中心

自 1887 年加拿大太平洋鐵路伸延至溫哥華後，溫哥華
便成為了北美西岸水陸路交通的主要樞紐，更構成遠東
地區、加拿大東部和英國之間貿易往來的重要一環。

現時，溫哥華港是加拿大最大和最繁忙的港口，以貨物
總噸數計也是北美第四大港口，這點跟香港之於亞洲內
的的角色甚為相像。

其次，溫哥華的旅遊業也相當不俗，因自然環境及旅遊
配套充足，吸引的旅客人數亦與日俱增。此外，溫哥華
更是北美第 3 大製片中心，有「北方荷里活」之稱。

Part 2 投資溫哥華市因素

經濟發展佳的溫市,其夜景璀璨不遜於香港。

看罷溫哥華的基本簡介,大家對溫哥華的獨特地理環境及經濟發展,應該有基本的瞭解,或二字記之曰:有景!但或許讀者又會問:加拿大城市眾多,為何要投資溫哥華的房地產,而不是其他著名的加國大城市如渥太華?筆者為大家分析一下。

1. 土地不足！政策帶動樓價

相對整個加拿大，溫市已屬人多地少，住宅長期供不應求，造就樓價飆升。為此，加國政府近年放寬政策，容許原本只能興建兩層樓高的地段，可興建 5 層高住宅，但這同時讓土地的投資價值大幅提升，帶動當地的地價飆升。

不過，讀者請留意，溫哥華的區域細分下也有「高水」、「低水」之別，其中如列治文（Richmond）由於地勢低於水平線，公寓大樓比較少，平房比較多。因開車到機場只需要 10 分鐘左右，故吸引大量華僑移民到列治文，而華人的超市、商店在這區也特別多。基本上出門可以不用說英文。

而位於東區的楓樹嶺（Maple Ridge）及本拿比（Burnaby）等地，地勢高於水平線，也屬於投資氣氛較旺的位置。

2. 外來人口眾 牽動樓市

溫哥華留學及移民的熱門地點,亦因此帶動了住屋需求,尤以鄰近大學區的房屋屬搶手貨。當地發展商表示,西溫哥華的獨立洋房售價,自 2008 年金融海嘯至今已有最少 2.2 倍升幅,但同期公寓(Condo)售價大約只升了 50%,預期未來 5 至 7 年公寓式物業將追回落後,租務回報預期可觀。

3. 長達 10 年樓宇保養維修

溫市所在的卑詩省政府於1999年制定了「Homeowner Protection Act（業主保障法案）」，規定所有新建樓宇，包括共管式公寓、鎮屋和獨立屋等，建築商都需要提供2、5、10年的質量保證，具體內容如下：

> **I. 兩年施工和材料 (Labor and Material) 質量保證：**
>
> ◎ 獨立屋和共管公寓非公共部分，12 個月的施工質量和材料缺陷；
>
> ◎ 公共物業（Common Property），15 個月的任何施工質量和材料缺陷；
>
> ◎ 24 個月的供電、供水、暖氣、空調系統的質量保證。
>
> **II. 5 年的建築外殼 (Envolope) 質量保證，包括外牆、屋頂、門窗的任何破損造成的漏水等損害。**
>
> **III. 10 年的結構（Structure）質量保證。包括所有承重牆體、柱樑的缺陷造成的房屋損害。**

2、5、10 年質量保證最高限額：獨立屋為 20 萬加幣（約 120 萬港元），共管式公寓等單位（Strata Unit）為 10 萬加幣，公共物業（Common Property）為 250 萬加幣（約 1500 萬港元）。期間就算物業易手，仍可以享受時限內的質量保證，變相令投資風險更低。

4. 過去 18 個月升 50%！樓市最活躍

若單純以投資角度而言，溫哥華在整個加拿大而言，樓價變動最為活躍！單是截至 2016 年初過去的 18 個月，溫哥華的樓價升幅平均達 5 成，同時因加幣貶值和大陸資金到埗，升幅更顯著。現時溫哥華市最低兵的獨立屋樓價已達 180 萬加幣（約 1,075 萬港元），烈治文則超過 120 萬加幣。

因溫哥華市跟香港同屬地少人多，住宅現貨卻不足。有業內人士表示，在三面環海的溫哥華市，由於可供發展興建房屋的土地非常有限，所以每年平均只有 4,500 個新住宅單位落成，但期間溫市人口卻增加約 55,000 人，令住宅供不應求，更導致 2016 年首季，升幅已超逾兩成。

🍁 卑詩省辣招 為樓市降火

不過，有見外國移民帶動當地樓價升不停，卑詩省政府於 16 年 7 月 25 日宣布，自同年 8 月 2 日起對購買大溫華地區房屋的外國人，額外徵收樓價 15% 的房地產轉讓稅（Property Transfer Tax，PTT）。

換言之，以公寓一房單位樓花計，一般 40 萬加幣（約 237 萬港）有交易計，外國人便要額外多付 6 萬加幣（約 36 萬港元）稅。這會對物業投資回報構成何等影響？以下用溫市公寓一房單位樓花售價為例來計算。

辣招出台後首期及買樓支出：

（1）樓價（獲 60% 貸款）：40 萬加幣 × 40%＝16 萬加幣（約 95 萬港元）

（2）稅項雜費：40 萬加幣 x 15% 稅 × 其他稅項雜費（5%）＝8 萬加幣（約 47 萬港元）

支出：（1）＋（2）＝24萬加幣（約142萬港元）

辣招出台後的預計年回報率：

於溫市放租例子中單位，一般可收月租金 1,400 加幣（約 8,500 港元），年收租金約 1.6 萬加幣（約 10.1 萬港元）；同時，業主年支出（包括管理費、資產稅、償還貸款連利息等）則約為 7,900 加幣（約 4.8 萬港元）。未計物業潛在升值所得回報，新稅項令回報下降，但每年平均仍可有約 3% 的現金回報率。

溫哥華區內熱門投資地段

溫哥華主要地區過去 10 年樓價升幅參考

溫哥華東部 Vancouver East	106.9%
溫哥華西部 Vancouver West	92.5%
列治文 Richmond	87.1%
本那比南部 Burnaby South	74.8%
本那比東部 Burnaby East	72.3%
本那比北部 Burnaby North	71%

從資料中可見，溫哥華東及西部過去 10 年的升幅領先於加拿大各地區，自然是投資的理想地段。

Part
4 | 投資個案參考——
Kensington Gardens

Kensington Gardens 模擬圖

綜上所述,溫哥華市住屋需求不斷提升,這裡便以之前曾提及,在當地極具規模建築商 Westbank 旗下新物業項目「Kensington Gardens」,作為投資參考個案分析。

Kensington Gardens 項目中，包含三幢外觀品味的住宅大廈，以及一系列聯排式別墅，輔以連接住宅區的平台。此項目的社區生活機能齊全，包括商店、花園、停車場及購物中心，並有公共藝術品及綠色天台，更矚目的是有 4,500 平方呎的私人設施空間及游泳池、SPA、健身室等設施，提供酒店級數的居住環境。

此外，Kensington Gardens 位於溫哥華市主要幹道「Kingsway」之上，步行約 900 公尺即可到達輕軌車站，附近亦有多班到達市中心、西端區、本那比、列治文等地區的巴士，交通十分便利。

而在住宅周邊生活圈，包含有公園、學校、餐廳等，生活機能全面；而距溫哥華另一市中心 Metrotown 也只需 10 分鐘車程。除了交通便利，項目內的樓房更同時坐擁山海兩景。

物業項目內提供大量星級設施。

單位將包含基本家具及裝修。

Kensington Gardens 全案 4 部份建築物，提供單位總
戶數為 428 戶，社區內更規劃有烤肉區、空中花園、城
市果園等公共設施。

值得留意的是，Kensington Gardens 適用於前述卑詩省的「2、5、10 年新屋保險計劃」，令業主更安心。單位內更附贈有家用電器和廚櫃等，並提供 5 年免費售後服務和保修，故業主在單位維修及家品方面可省回不少成本支出。

目前 Kensington Gardens 眾多單位中，最低入手價格約為 178 萬港元，最高價格則為 536 萬港元，一房最細單位實用面積有 446 平方呎，最大 3 房單位面積達 1,500 平方呎，項目預計於 2017 年竣工。

發展商 Westbank 簡介

成立於1992年的Westbank（加拿大西岸置業集團），是北美頂級物業開發商，總部位於加拿大溫哥華。迄今已開發總值逾 250 億加幣（約 1,500 億港元）的項目，當中包括地標級住宅、五星級大酒店、超大型綜合商場、AAA 級寫字樓、租賃公寓乃至整個區域性能源系統。

Westbank 擁有加國最豪華的 3 座大酒店，於 2013 年，知名國際雜誌《Wallpaper》更將

Westbank 擁有並經營的多倫多香格里拉酒店評為全世界最好的城市酒店。集團總裁 Ian Gillespie 亦連續 7 年被評為溫哥華最具影響力的 10 大人物之一，在 2015 年更榮登榜首。

Westbank 貫轍創新的設計理念，頻與最富創意的建築設計名師合作，如設計三里屯的日本建築設計師隈研吾，設計紐約世貿中心二期的丹麥建築大師 Bjarke Ingels 等，為城市創建非凡價值。

Westbank 旗下著名地產項目包括：

溫哥華費爾蒙太平洋酒店　　溫哥華香格里拉酒店
（Fairmont Pacific Rim）　（Shangri-la Vancouver）

多倫多香格里拉酒店
（Shangri-la Toronto）

溫哥華一號公館
（Vancouver House）

作者	康宏國際地產投資顧問有限公司
	張永達 CEO 行政總裁
	張永恒 Vice President 副總裁

總編輯	Ivan Cheung
責任編輯	Frankie Leung
文稿校對	Emma Chan
書籍設計	Fairy

出版	研出版 In Publications Limited
市務推廣	Samantha Leung
查詢	info@in-pubs.com
傳真	3568 6020
地址	香港九龍太子白楊街 23 號 3 樓

香港發行	春華發行代理有限公司
地址	香港九龍觀塘海濱道 171 號申新證券大廈 8 樓
電話	2775 0388
傳真	2690 3898
電郵	admin@springsino.com.hk

台灣發行	永盈出版行銷有限公司
地址	新北市新店區中正路 505 號 2 樓
電話	886-2-2218-0701
傳真	886-2-2218-0704

出版日期	2016 年 10 月 7 日
ISBN	978-988-77348-5-7
定價	港幣 98 元 / 新台幣 430 元